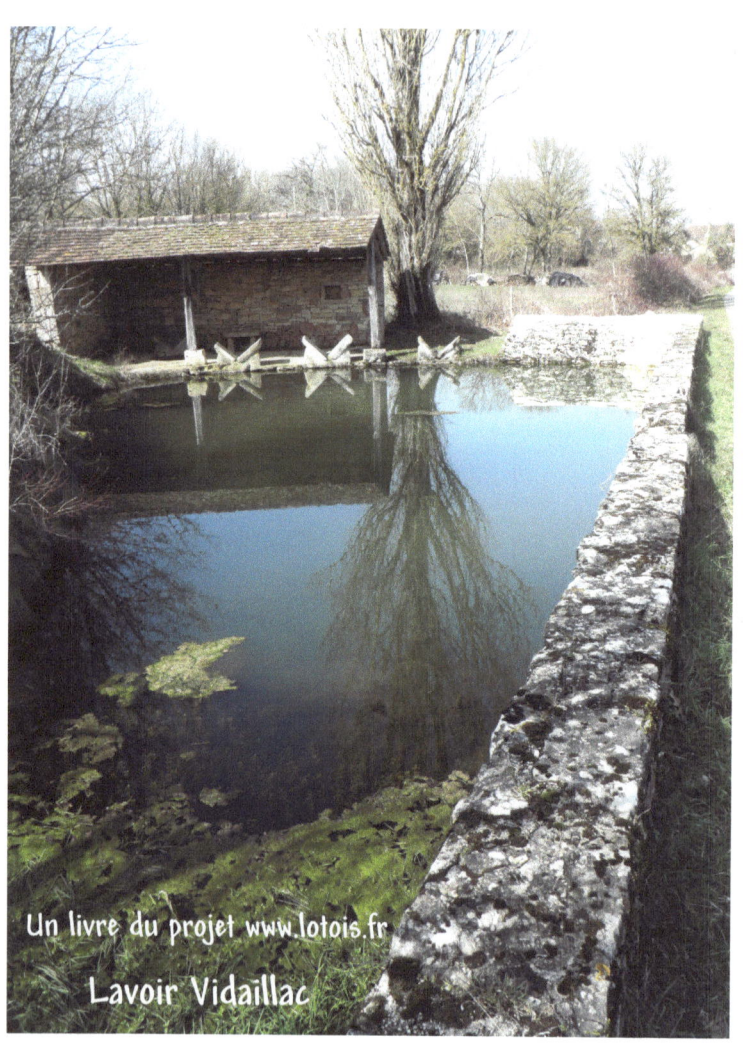

Limogne-en-Quercy
cinq monuments historiques
cinq dolmens

Du même auteur*

Certaines œuvres sont connues sous différents titres.

Romans

Le Roman de la révolution numérique
Ils ne sont pas intervenus (Peut-être un roman autobiographique)
La Faute à Souchon
Quand les familles sans toit sont entrées dans les maisons fermées
Liberté j'ignorais tant de Toi
Viré, viré, viré, même viré du Rmi !

Théâtre

Neuf femmes et la star
Les secrets de maître Pierre, notaire de campagne
Ça magouille aux assurances
Chanteur, écrivain : même cirque
Deux sœurs et un contrôle fiscal
Amour, sud et chansons
Pourquoi est-il venu :
Aventures d'écrivains régionaux
Avant les élections présidentielles
Scènes de campagne, scènes du Quercy
Blaise Pascal serait webmaster
Trois femmes et un Amour
J'avais 25 ans
« Révélations » sur « les apparitions d'Astaffort » Brel Cabrel

Théâtre pour troupes d'enfants

La fille aux 200 doudous
Les filles en profitent
Révélations sur la disparition du père Noël
Le lion l'autruche et le renard,
Mertilou prépare l'été

* extrait du catalogue, voir page 33

Stéphane Ternoise

Limogne-en-Quercy
cinq monuments historiques cinq dolmens

Sortie numérique : 7 mars 2012

Jean-Luc PETIT Editeur- Collection Lot

Stéphane Ternoise versant Lotois :

http://www.lotois.fr

Tout simplement et logiquement !

Tous droits de traduction, de reproduction, d'utilisation, d'interprétation et d'adaptation réservés pour tous pays, pour toutes planètes, pour tous univers.

Site officiel : http://www.ecrivain.pro

© Jean-Luc PETIT - BP 17 - 46800 Montcuq France

Limogne-en-Quercy
cinq monuments historiques cinq dolmens

Cinq monuments historiques à Limogne-en-Quercy, entre Cahors et Villefranche-de-Rouergue. Et il ne s'agit pas d'églises ni maisons médiévales ni ponts : cinq dolmens, du néolithique.
Trente-cinq photos d'un écrivain parfois photographe et des indications précises pour à votre tour réaliser une ballade historique.
Privilégiez le VTT et surtout la marche plutôt que la voiture...
Le dolmen de Pech-Lapeyre près du lac d'Aurié. Celui d'Agarnel route de Calvignac. De Ferrière-Haut. De Joncas sur le GR65, le Chemin de St Jacques de Compostelle. De Pajot sur la route vers Beauregard.
Six à quatre mille ans environ avant ces clichés, ces mégalithes furent des tombes collectives.

Stéphane Ternoise, lotois depuis 1995.

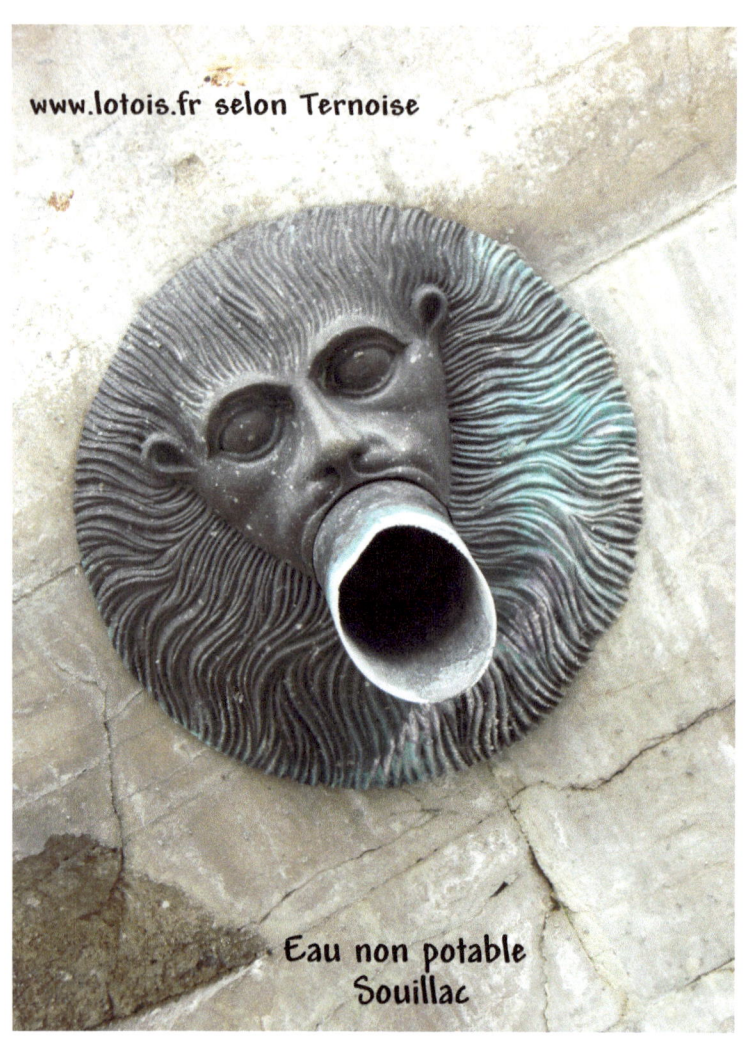

Dolmen de Pech-Lapeyre (Lac d'Aurié)

Honneur au plus ancien de nos dolmens classés Monuments Historiques. Il est inscrit depuis 1889. Il est aussi l'un des plus beaux du Quercy, avec sa table atteignant presque un mètre d'épaisseur. Ce qui, d'après les calculs, lui permettrait d'atteindre les 17 tonnes.

Qui plus est, il est facile de s'en approcher même si la voiture apprécie modérément le chemin de terre laissant place à la route goudronnée indiquée dans le centre de Limogne :

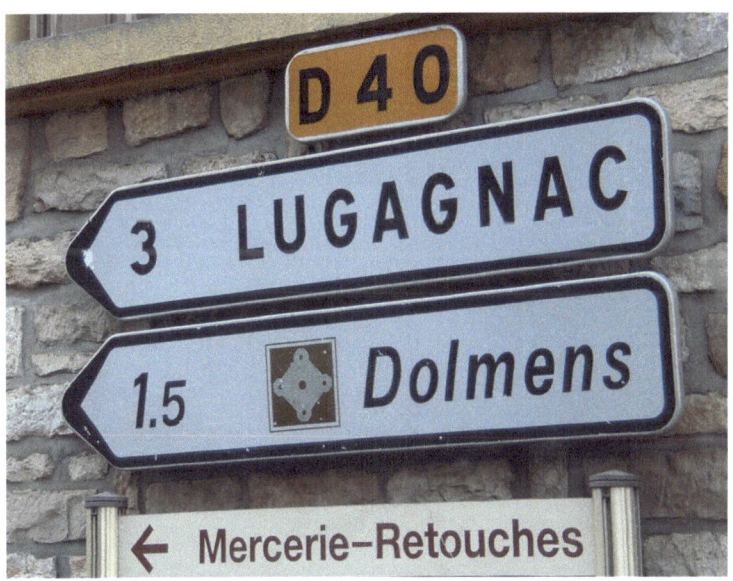

Le pluriel de dolmen ne doit pas vous conduire à la quête d'un petit frère proche : pour en observer d'autres, il conviendra d'atteindre Lugagnac... Dolmen fléché sous le nom de Lac d'Aurié.

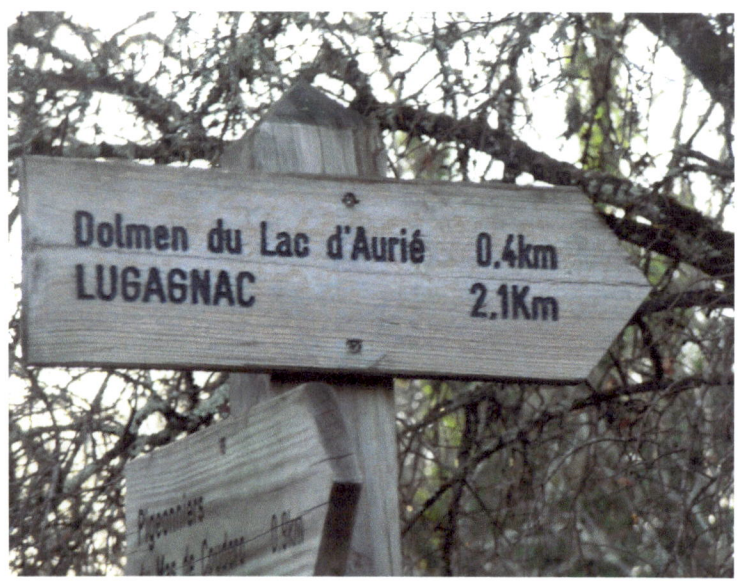

Immanquable, sur la droite. *Sauf pour les aveugles, ça va de soi*, aurait remarqué Georges Brassens en s'en approchant. Et le soir même il parachevait l'une de ses chansons, que vous fredonnerez peut-être en lisant cette légende, inventée à l'instant.

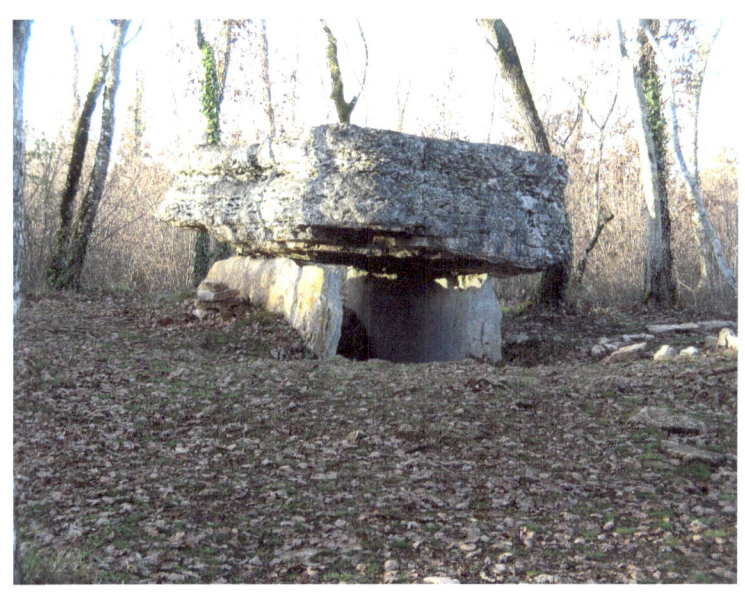

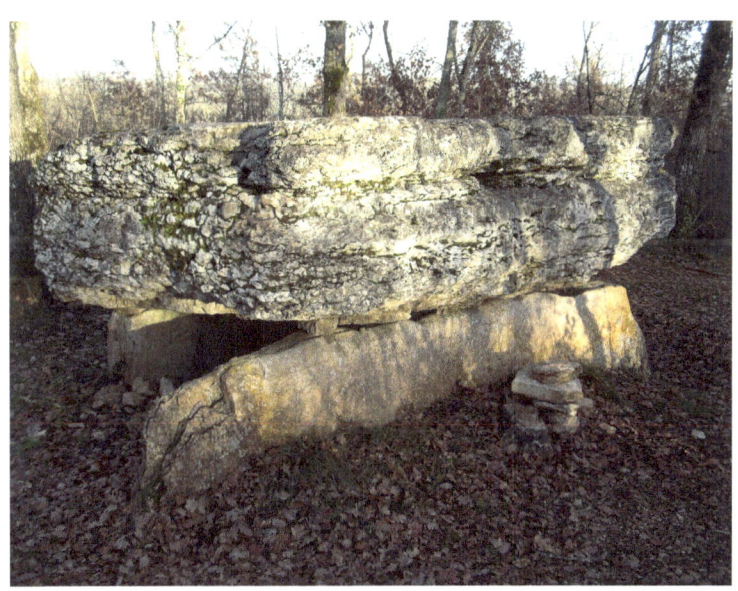

Admirez la longueur des supports et pensez aux jours de minutieux travail qui furent nécessaires. Vous pouvez sans risque vous aventurer sous la table. Oui, prendre une photo de votre ami(e) donnant l'impression de maintenir à la force des poignets ces 17 tonnes contribuera aux excellents souvenirs.

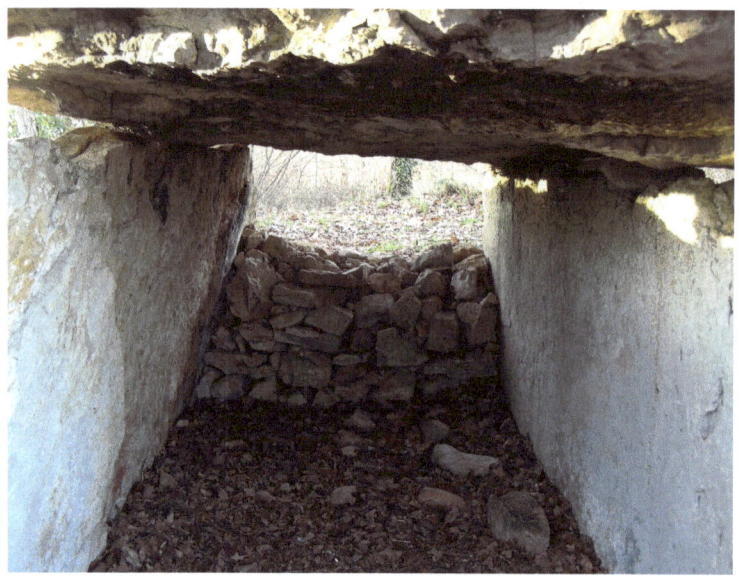

La dalle du fond, disparue comme sur la quasi totalité des dolmens du Quercy, fut « remplacée » par un muret de pierres sèches. Initiative sûrement récente...
Vous vous interrogez sur le lac d'Aurié ? 400 mètres plus loin, sur le chemin... Un modeste lac... L'appellation marre d'Aurié manquerait un peu de charme.

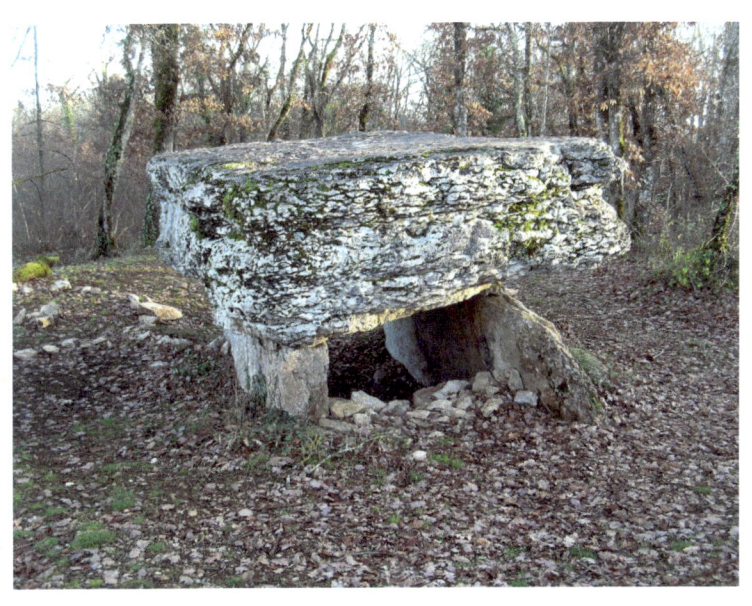

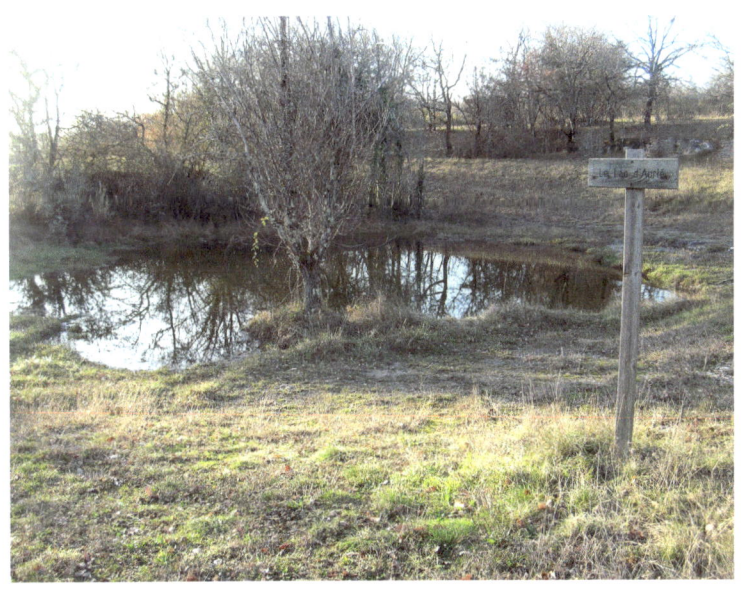

Le dolmen d'Agranel

Aucun fléchage municipal.
Du centre de Limogne, suivre Villefranche de Rouergue puis prendre sur la gauche la direction de Cajarc, la D 19.

Après environ un kilomètre, prendre à gauche la D 143 vers Calvignac. S'arrêter après 1,3 kilomètre. Le dolmen se situe en haut de la butte, sur la droite. Passez le grillage à moutons en le respectant et montez. Après une centaine de mètres, vous pourrez aussi vous interroger sur la nature d'un trou, dont l'accès est simplement bloqué par des branches. Un puits ? L'entrée d'une grotte ?

Il semblerait, d'après un commentaire, qu'il existe un autre accès, ne nécessitant pas d'enjamber le grillage. Puisse-t-il être un jour indiqué…

Marcher encore une centaine de mètres… et il est là, au sommet… vous l'apercevez à l'arrière-plan…

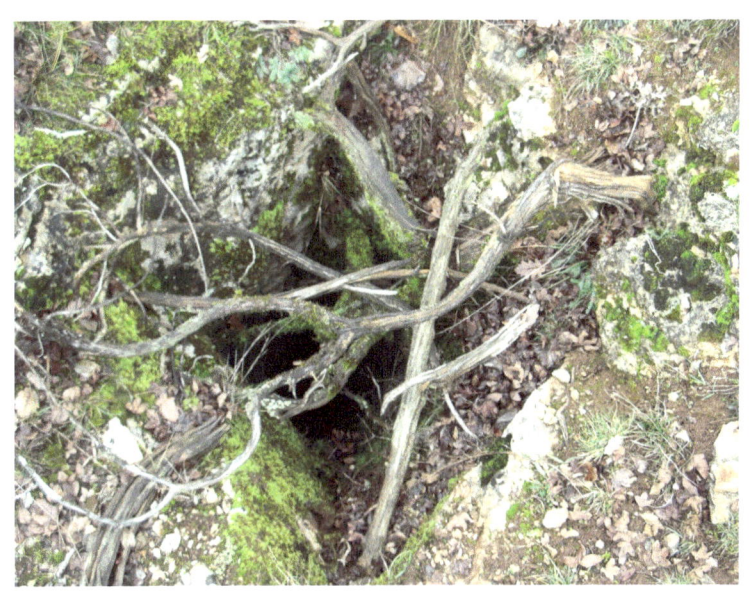

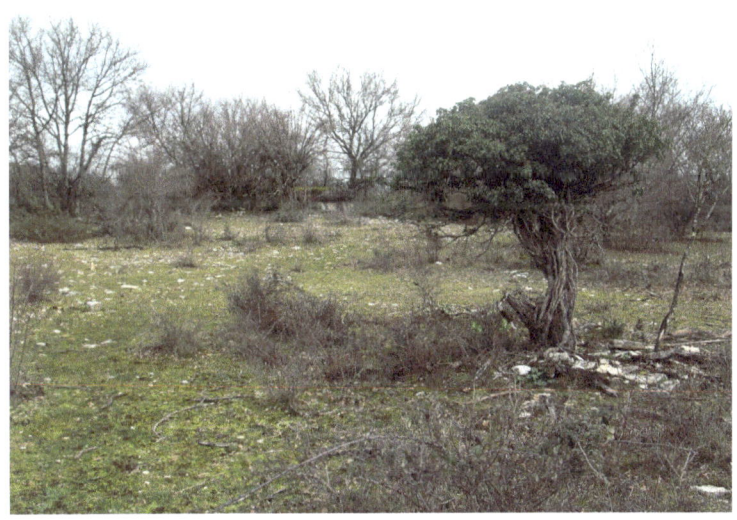

À quelques mètres du dolmen, des cavités couvertes de plaques...

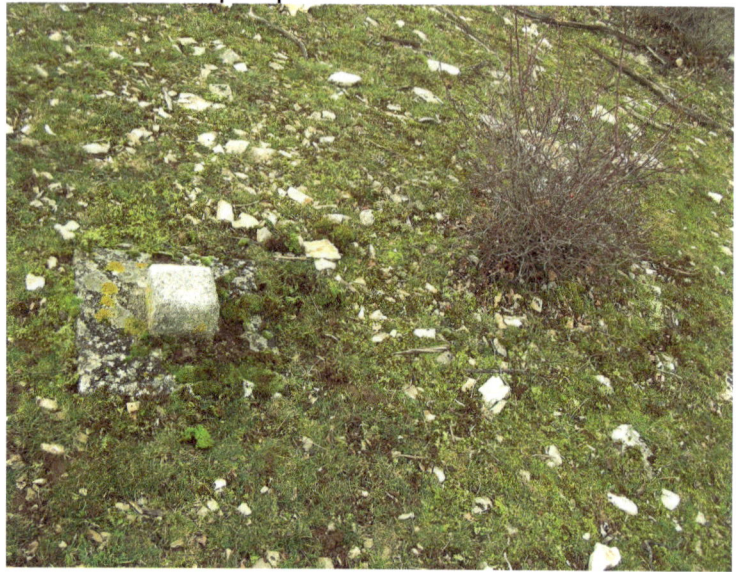

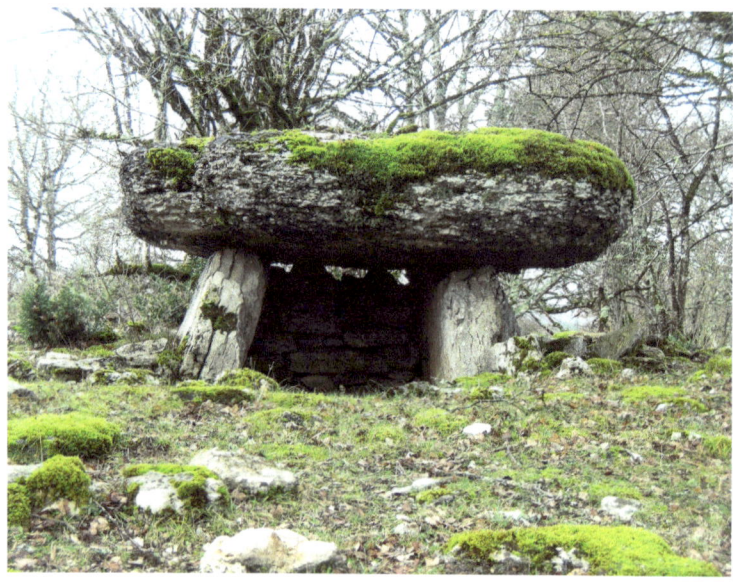

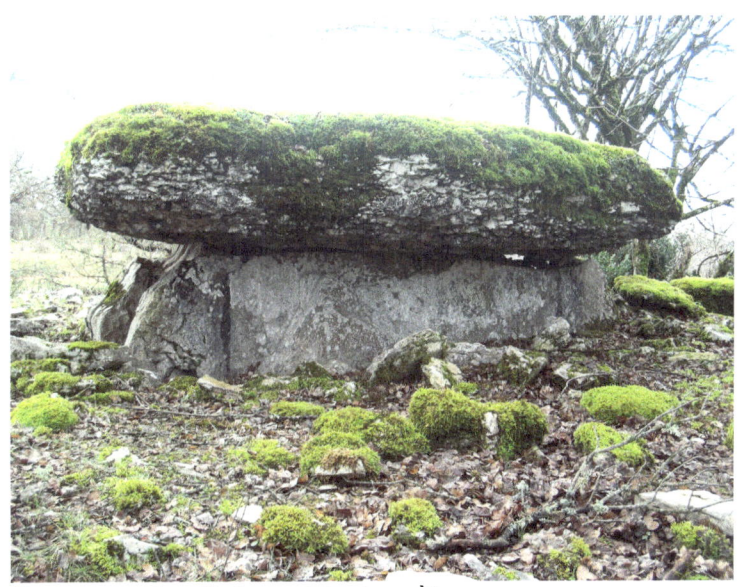

Ses supports atteignent trois mètres.
Sur la table, une cuvette, un bassin d'environ 40 centimètres de diamètre, d'une dizaine de profondeur. Naturelle ? Voulue ?

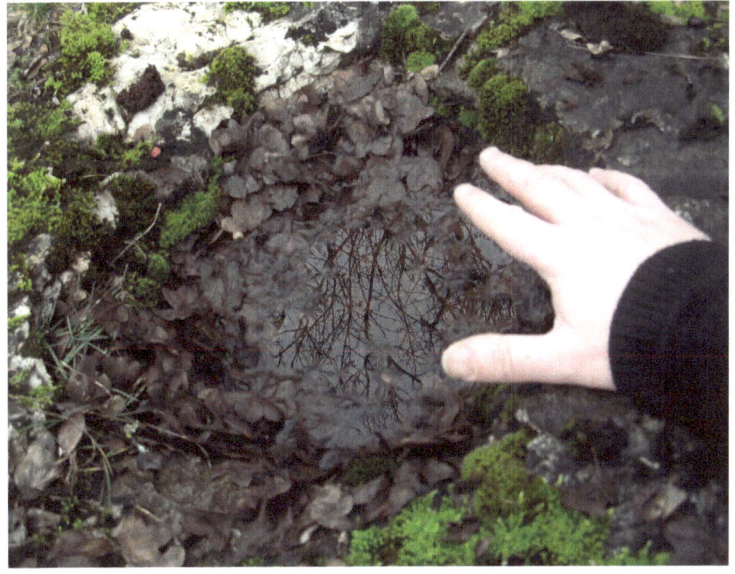

Comme la majorité des dolmens, la table, majestueuse, s'effrite inexorablement, certes légèrement, sur les bords. Ce dolmen souffrirait si un tourisme de masse s'y intéressait.

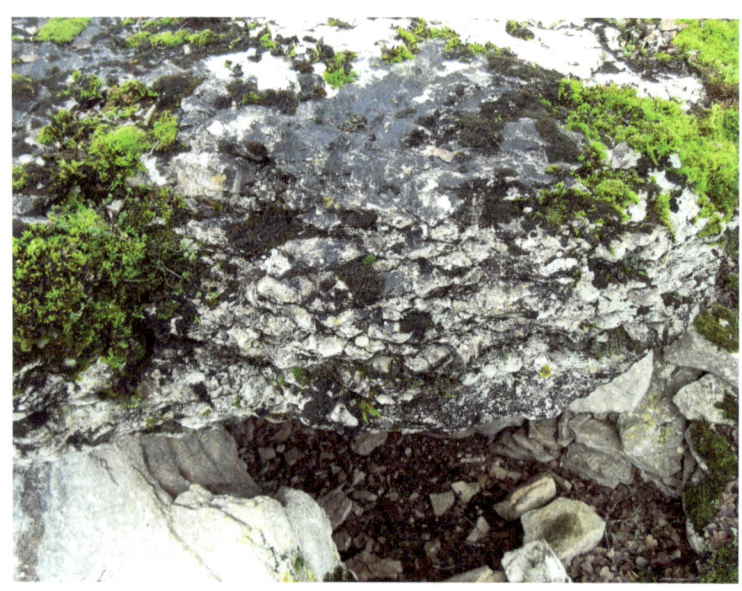

Aucune gariotte à proximité, alors que de l'autre côté de la route vous pourrez en admirer plusieurs. Un terrain où les pierres abondent, qui ne fut donc pas épierré durant la grande conquête de nouvelles terres pour y planter principalement des vignes. Conséquence de la présence du dolmen ?
Du même côté de la département 143, jusqu'à Calvignac, quatre autres dolmens ont été répertoriés. Ils figurent dans le livre « *Limogne-en-Quercy Calvignac la route des dolmens et gariottes.* »

Le dolmen de Ferrière-Haut

Du centre de Limogne, direction Varaire par la D19. Et il suffit de tourner à droite à la petite gariotte où Ferrières, même « le dolmen » est indiqué.

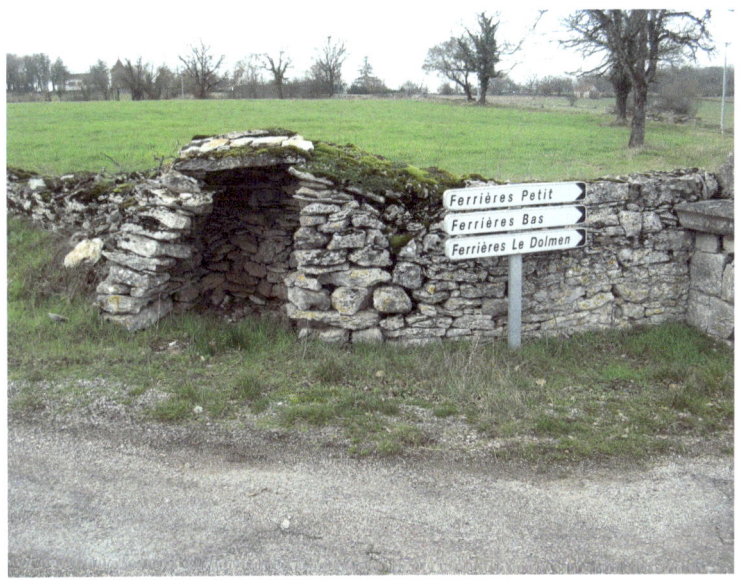

Traverser l'ensemble des Ferrières jusqu'à la dernière maison, la fin de la route goudronnée. Continuer, à pieds, jusqu'au champ du lieu-dit Pech Lavade où trône le dolmen, classé aux Monuments Historiques le 3 mars 1959. Une table estimée à plus de 25 tonnes. Auprès de son arbre...

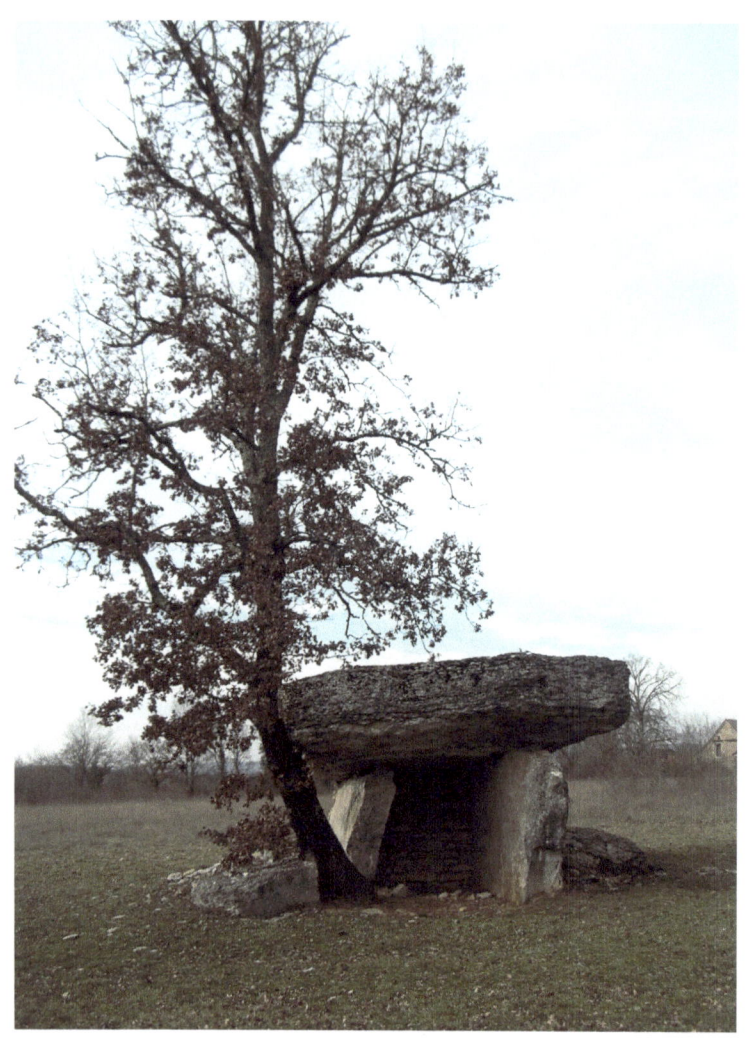

On peut naturellement regretter la fracture (naturelle ?) du support gauche.

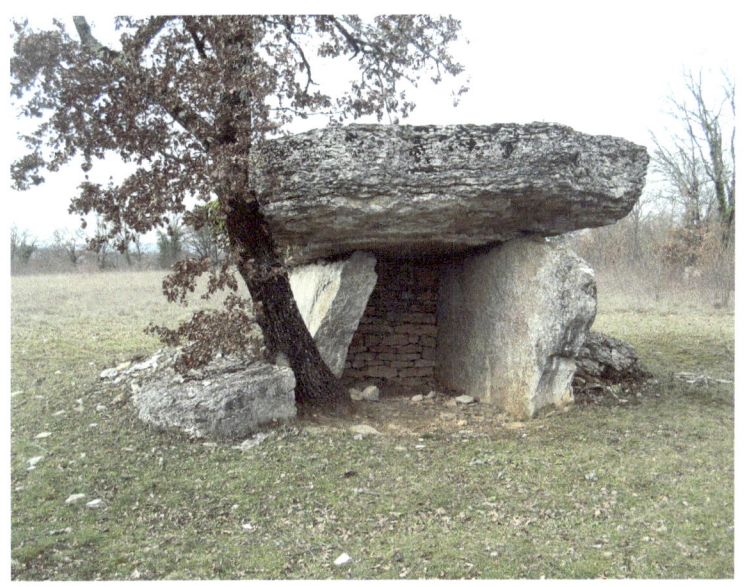

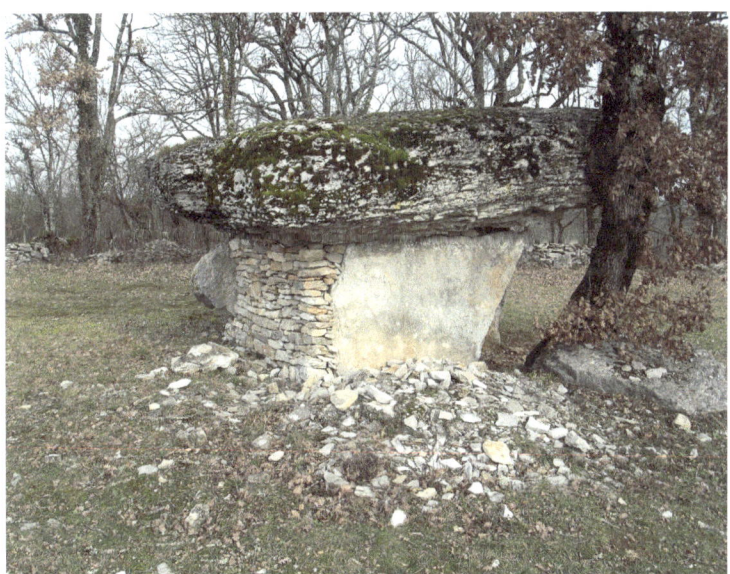

Vue de l'arrière, avec un muret pas d'époque non plus.

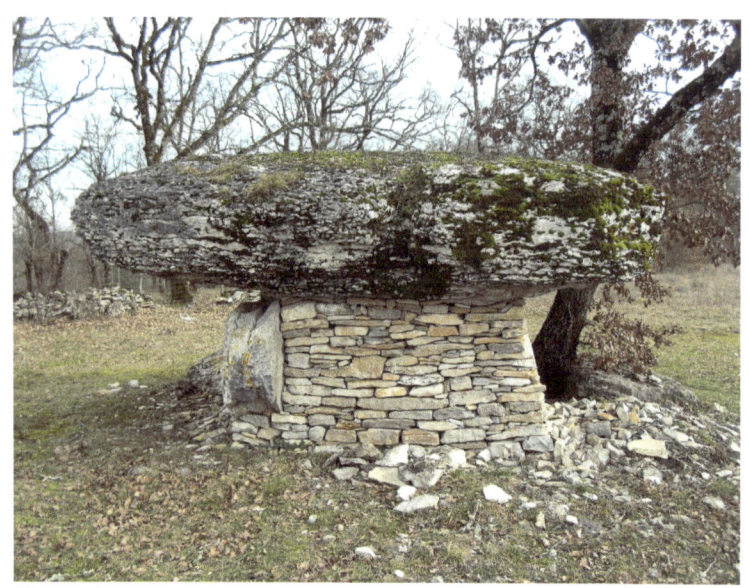

On observe un creux au milieu de la table, à l'arrière. Effet de l'érosion ou fonction précise accentuée par l'écoulement de l'eau ?

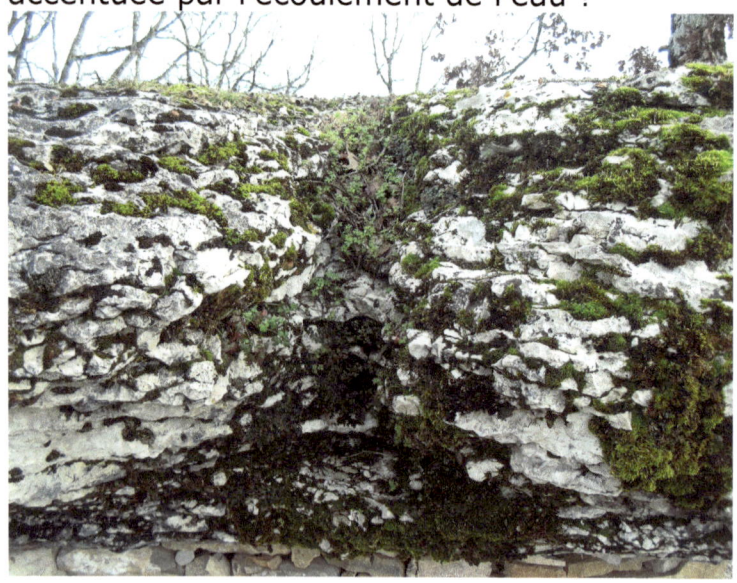

Vue du support latéral droit, magnifique.

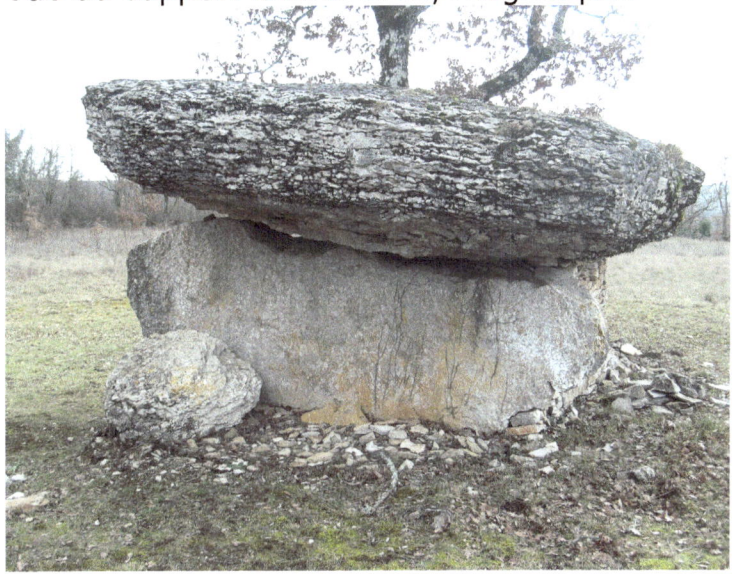

Même une table de 25 tonnes est fragile. Evitez d'emporter un fragment souvenir…

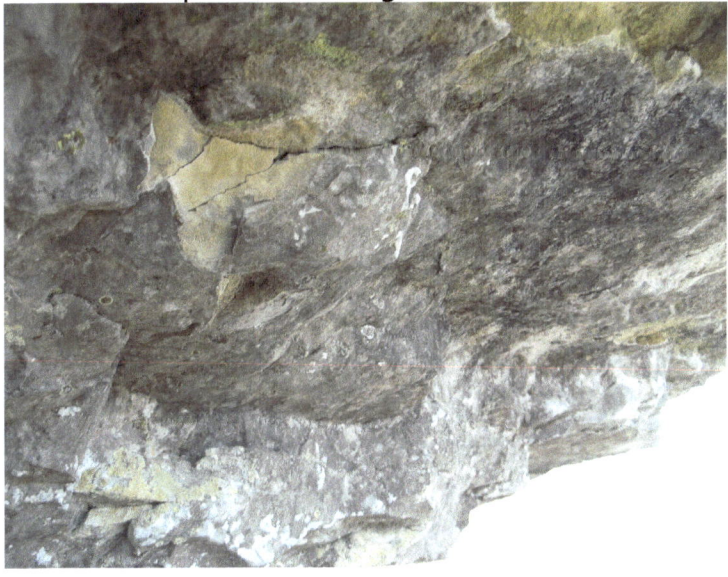

Le dolmen de Joncas

De Ferrière, il est possible d'arriver rapidement au dolmen de Joncas : il suffit de prendre le GR65, le Chemin de St Jacques de Compostelle. Encore faut-il trouver le panneau !

Donc je vous propose de repartir de Limogne. Plus précisément, en arrivant de Cahors (par la D911), juste avant la D19 menant à Varaire, prendre la petite route sur la droite (juste avant le garage qui survivra sûrement encore quelques années), rien qu'une centaine de mètres, et sur la droite vous emprunterez le sentier praticable en voiture, le GR65, avec son indication du dolmen.

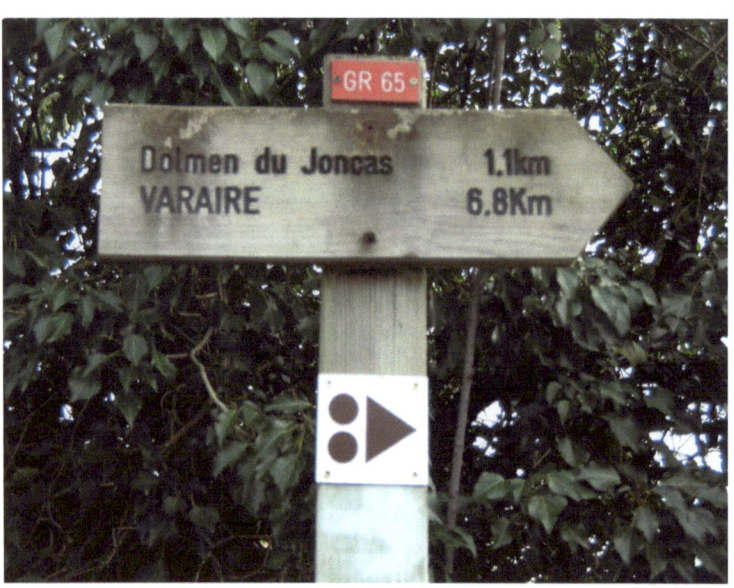

Après un kilomètre, observez bien les arbres ! Car contrairement aux habitudes locales, c'est cloué à un chêne, sur votre droite, que se situe la prochaine indication.

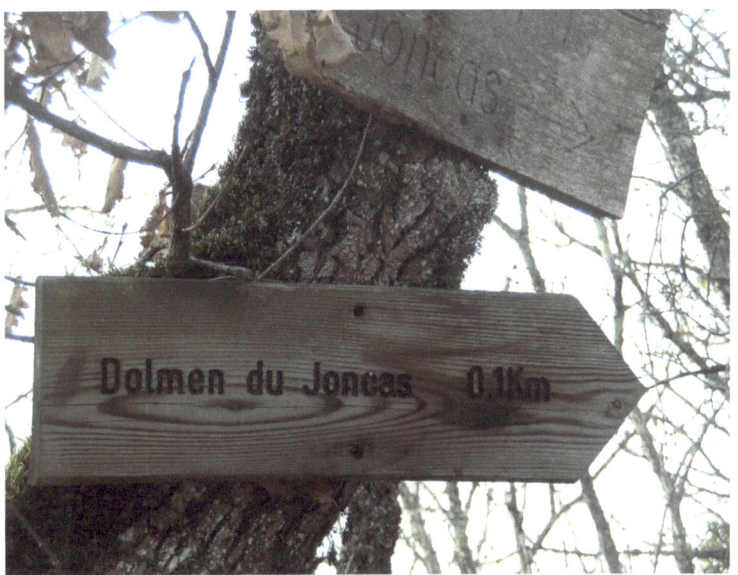

Rater cette indication, c'est se condamner à tourner en rond. Je le sais ! Vous devinez pourquoi ! Bref, j'ai fini par apercevoir le dolmen du Joncas !

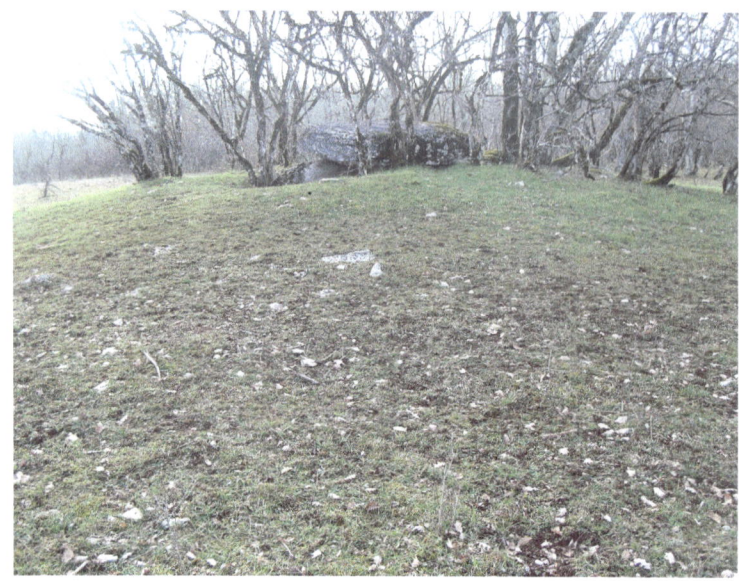

Au lieu-dit la Bouysse de Jonlas. Un dolmen classé aux Monuments Historiques le 6 avril 1959.

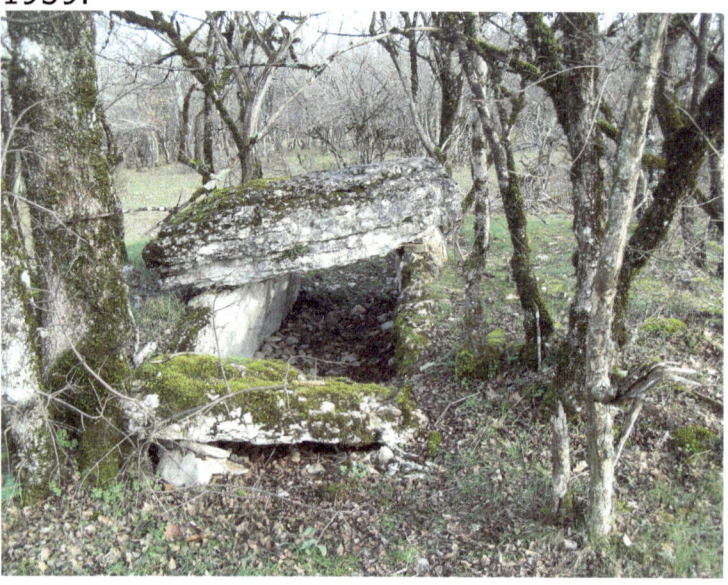

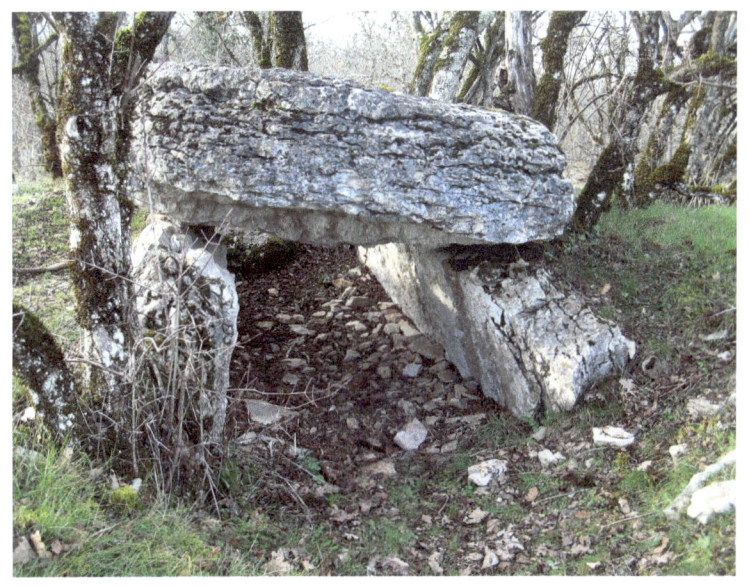

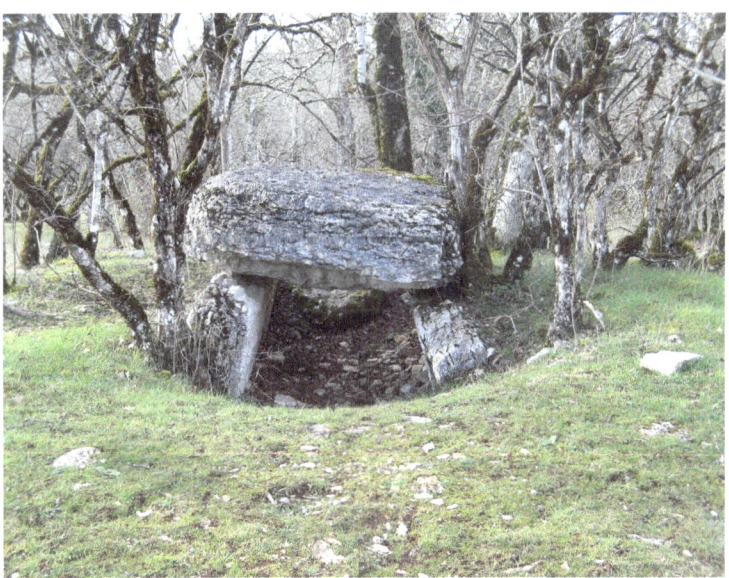

Les supports (orthostats) encore bien en terre.

Le dolmen de Pajot

Parfois orthographié Pageot. Au lieu-dit Lapeyrette.
Classé aux Monuments Historiques depuis le 6 mars 1959.
Juste au bord de la route, sur la gauche en partant de Limogne (D24) vers Vidaillac – Beauregard.

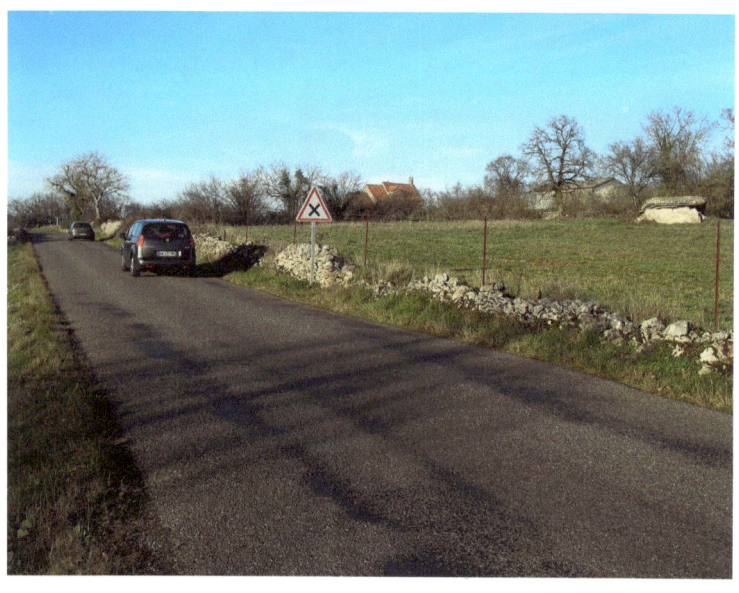

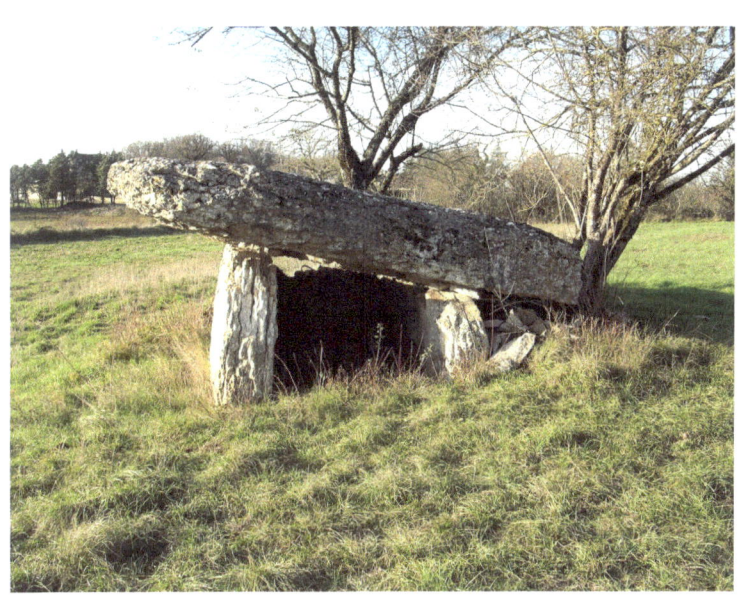

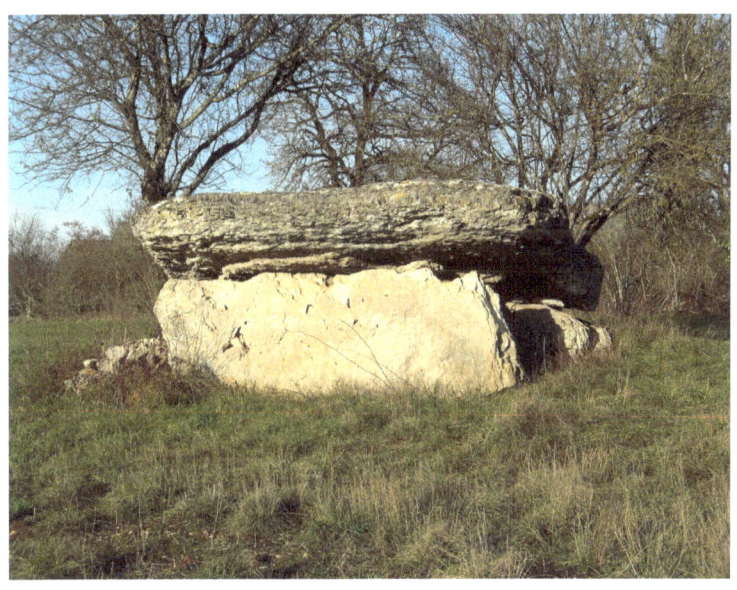

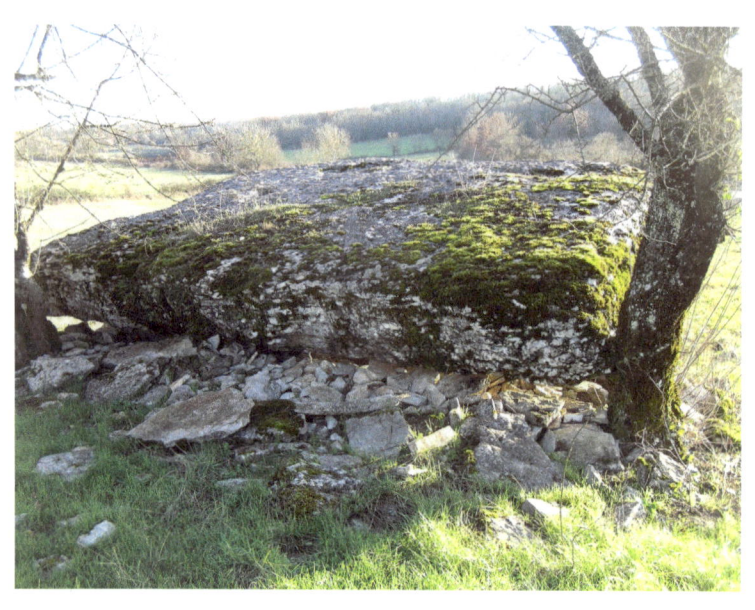

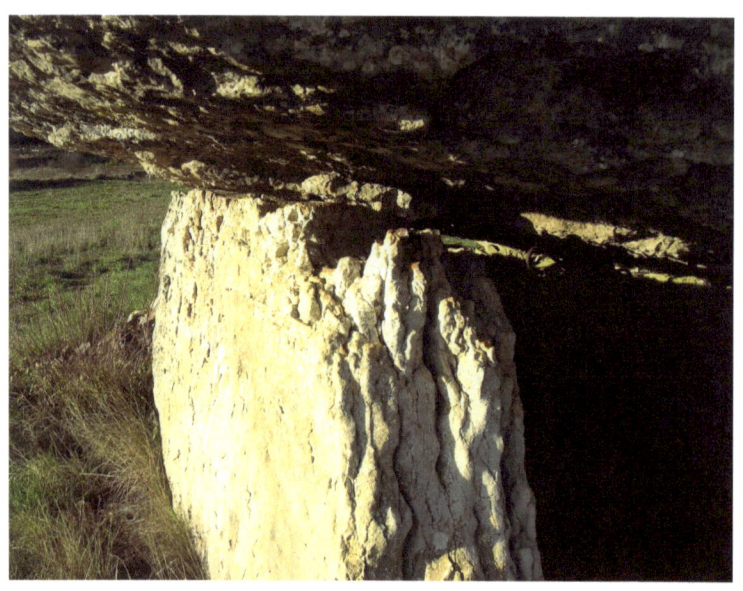

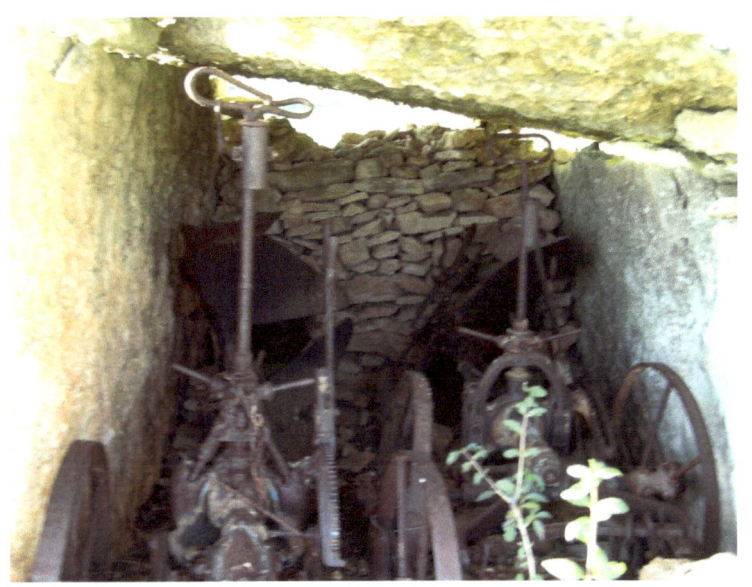

La chambre d'un dolmen est très utile pour entreposer de vieilles machines agricoles déjà rouillées !
Ici aussi un muret en pierre a succédé à la dalle du fond.
Et c'est l'orthostat de gauche qui suscite le plus d'inquiétude.

D'autres dolmens à Limogne, d'autres dolmens dans le Lot, d'autres balades avec les appareils photos et sûrement d'autres livres. L'écrivain est aussi celui qui témoigne. Le développement du numérique permet de proposer des livres avec de nombreuses photos en couleur à un tarif décent, qui plus est sur des sujets qui génèreront peu de ventes.

Stéphane Ternoise lotois depuis 1995

À 25 ans, Stéphane Ternoise a quitté le confortable statut de cadre en informatique (qui plus est dans le douillet secteur des assurances), pour se confronter à son époque, essayer de vivre de sa plume en toute indépendance. Il redoutait de finir pantin d'un grand groupe où même les maisons historiques peuvent se retrouver avec Jean-Marie Messier ou Arnaud Lagardère comme grand patron.
Stéphane Ternoise est auteur-éditeur depuis 1991, devenu spécialiste de l'auto-édition professionnelle en France. Il créa « logiquement » http://www.auto-edition.com en l'an 2000, une activité alors quasi absente du web !
Son éclairage sur l'univers de l'édition française a rapidement suscité quelques difficultés, dont une assignation au Tribunal de Grande Instance de Paris, en juin 2007, par une société pratiquant le compte d'auteur, finalement déboutée en septembre 2009.

Dans un relatif anonymat, l'auteur lotois a réussi à publier 14 livres en papier, à continuer en vivant de peu. Depuis 2004, ses livres sont également en vente en version numérique. Il s'agissait d'abord de simples PDF. L'auteur-éditeur a consacré l'année 2011 à la réalisation de son catalogue numérique, publiant ainsi ses pièces de théâtre, sketchs et textes de chansons en plus des romans, essais et recueils adaptés aux formats epub et Mobipocket Kindle...

La multiplication des questions et l'information approximative balancée sur de nombreux blogs par de néo-spécialistes de l'auto-édition autopublication, l'ont décidé à écrire sur cette révolution de l'ebook. Le guide l'auto-édition numérique est ainsi devenu son web best-seller !

Né en 1968, il publie depuis 1991, d'abord sous son nom de naissance puis sous divers pseudonymes, éditeur indépendant depuis son premier livre.

Son catalogue numérique (depuis mi 2011 distribué par *Immateriel*) a rapidement dépassé celui du papier, grâce à des essais, des livres de photos... tout en continuant la lente écriture dans les domaines du théâtre et du roman. Depuis octobre 2013, et son « identifiant fiscal aux États-Unis », son catalogue papier tend à rattraper celui en pixels.

Vous pouvez légitimement vous demander pourquoi un auteur avec un tel catalogue ne bénéficie d'aucune visibilité dans les médias traditionnels. L'écriture est une chose, se faire des amis utiles une autre !

Romans : http://www.romancier.org

Edition : http://www.auto-edition.com

Théâtre : http://www.dramaturge.fr

Photos : http://www.france.wf

Essais : http://www.essayiste.net

Œuvres traduites : http://www.traducteurs.net

Chansons - Cds : http://www.chansons.org

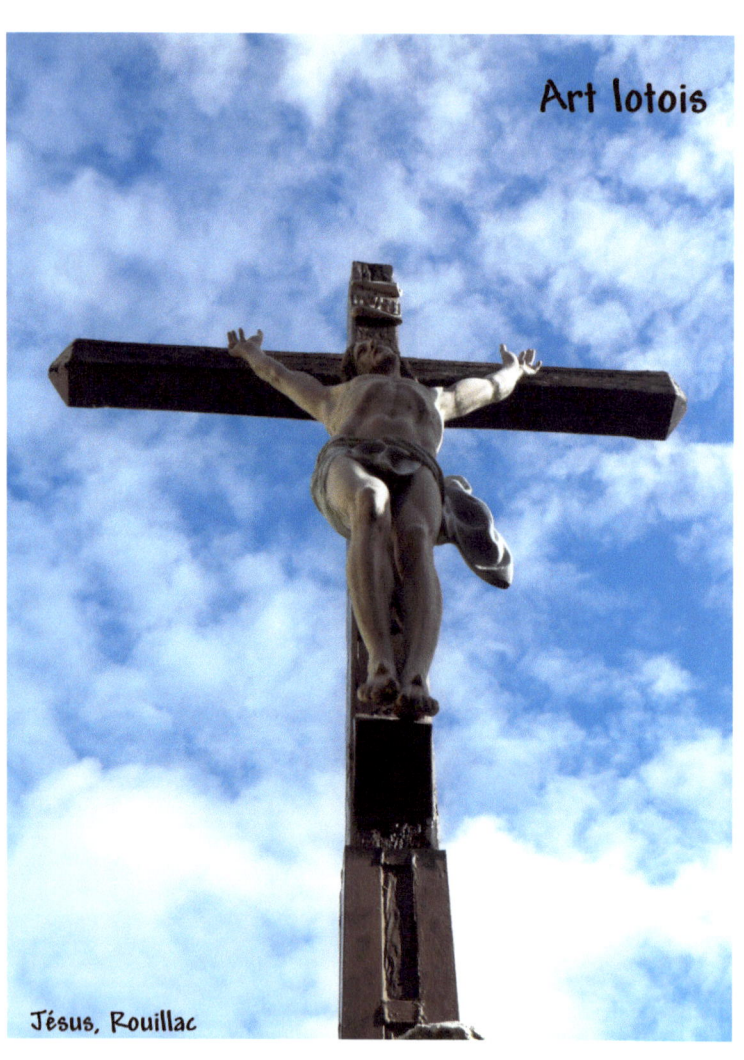

Art lotois

Jésus, Rouillac

Table...

7   **Présentation**

9   **Dolmen de Pech-Lapeyre (Lac d'Aurié)**

14 **Dolmen d'Agranel**

19 **Dolmen de Ferrière-Haut**

24 **Dolmen de Joncas**

28 **Dolmen de Pajot**

32 **Stéphane Ternoise Lotois depuis 1995**

36 **Mentions légales**

Mentions légales

Tous droits de traduction, de reproduction, d'utilisation, d'interprétation et d'adaptation réservés pour tous pays, pour toutes planètes.

Projet http://www.france.wf
Versant http://www.lotois.fr

Dépôt légal à la publication au format ebook du 7 mars 2012.

Imprimé par CreateSpace, An Amazon.com Company pour le compte de l'auteur-éditeur indépendant.
livrepapier.com

EAN 9782365415637
ISBN 978-2-36541-563-7
Limogne-en-Quercy cinq monuments historiques cinq dolmens de Stéphane Ternoise
© **Jean-Luc PETIT - BP 17 - 46800 Montcuq FRANCE**

www.ingramcontent.com/pod-product-compliance
Lightning Source LLC
Chambersburg PA
CBHW040254220526
45473CB00001B/482